CW00369087

LES MISÉRABLES

VICTOR HUGO

Adapté en français facile
par Brigitte Faucard-Martinez

Victor Hugo naît le 26 février 1802 à Besançon.

En 1819, avec ses frères et quelques amis, il fonde le *Conservateur littéraire*, revue dans laquelle il publie des textes et des poèmes.

En 1822, il épouse Adèle Foucher, dont il aura cinq enfants, et publie les *Odes et Ballades* (1822-1828).

Hugo s'oriente alors vers le romantisme et il deviendra bientôt le chef de file[1] des auteurs de cette école.

Le 21 février 1830, la « première[2] » de son drame *Hernani* devient historique car elle provoque une véritable lutte entre classiques et romantiques.

Après le théâtre, Hugo ajoute au romantisme le roman *Notre-Dame de Paris* (1831).

Il se consacre ensuite à l'épopée humaine[3] avec la publication de *La Légende des siècles* (1859) et de *Les Misérables* (1862).

Il meurt le 22 mai 1885.

---

1. Chef de file : l'auteur qui est le premier représentant de cette école.
2. Première : première représentation d'une pièce de théâtre.
3. Épopée humaine : suite d'événements liés à l'histoire de l'humanité.

Dans son roman *Les Misérables*, Victor Hugo peint la misère sous toutes ses formes et, à travers ses personnages, souvent complexes, il montre différentes façons de lutter contre elle.

Si l'on prend, par exemple, le cas des Thénardier, on constate qu'ils sont « misérables » parce qu'ils sont pauvres, mais que la misère les fait réagir comme des « misérables », au sens moral et péjoratif du terme. Ils choisissent de faire le mal et sont particulièrement méchants et pervers.

Le personnage central du roman, Jean Valjean, nous montre, par contre, une autre façon d'être. Malgré la misère, ce « hors-la-loi[1] » lutte pour s'éloigner du mal et faire le bien et il y parvient. Il symbolise l'homme qui se libère de la soumission et de l'humiliation. C'est le message que Victor Hugo nous donne à travers cette grande œuvre romantique, peinture à la fois sociale et humaine.

---

1. Hors-la-loi : personne qui vit sans respecter les lois.

Les mots ou expressions suivis d'un astérisque* dans le texte sont expliqués dans le Vocabulaire, page 61.

PREMIÈRE PARTIE

PISTE 2

*E*n 1815, M. Charles-François Bienvenu Myriel est évêque* de Digne. C'est un vieil homme d'environ soixante-quinze ans qui vit dans une petite maison avec sa sœur, Mlle Baptistine, et sa servante*, Mme Magloire.

Ce soir-là, M. l'évêque est resté assez tard enfermé dans sa chambre. Il travaille encore à huit heures quand Mme Magloire entre, selon son habitude, pour prendre l'argenterie[1] dans l'armoire près du lit. Un moment plus tard, l'évêque ferme son livre, se lève et va dans la salle à manger.

À ce moment, on frappe à la porte un coup assez fort.

– Entrez, dit l'évêque.

Un homme entre. Il a son sac sur l'épaule et une expression dure, fatiguée et violente dans les yeux. C'est une sinistre apparition.

La servante et Mlle Baptistine tressaillent[2] légèrement en le voyant. L'évêque fixe sur l'homme un œil

---

1. Argenterie : couverts en argent.
2. Tressaillir : faire un mouvement avec le corps, sous l'effet d'une émotion.

tranquille. Comme il ouvre la bouche pour parler, l'homme dit d'une voix forte :

– Je m'appelle Jean Valjean. Je suis galérien[1]. J'ai passé dix-neuf ans au bagne[2]. Je suis libéré depuis quatre jours. Quatre jours que je marche. Ce soir, en arrivant dans cette ville, j'ai été dans une auberge, on m'a mis dehors. Je suis allé dans une autre, c'était la même chose. J'allais me coucher sur une pierre quand une vieille femme m'a montré votre maison et m'a dit de frapper à la porte. Qu'est-ce que c'est ici ? Une auberge. J'ai de l'argent, je peux payer. Je suis très fatigué et j'ai faim. Est-ce que je peux rester ?

– Madame Magloire, dit l'évêque, mettez un couvert de plus.

Jean Valjean est d'une pauvre famille de paysans*. Il a perdu très tôt ses parents et a été élevé par sa sœur aînée. Quand il est devenu adulte, il s'est fait émondeur*. Son beau-frère est mort et il a aidé sa sœur à élever ses sept enfants.

Une année où l'hiver était très froid, Jean Valjean, qui avait alors vingt-cinq ans, s'est retrouvé sans travail. La famille n'avait pas de pain pour manger.

Un dimanche soir, alors que le boulanger* allait se coucher, il a entendu un coup violent contre la vitrine de sa boutique. Il est descendu et est arrivé à temps

---

1. Galérien : forçat, criminel condamné à travailler dans un bagne.
2. Bagne : lieu où l'on enferme les condamnés aux travaux forcés.

pour voir un bras passer dans la vitrine, prendre un pain et l'emporter. Il est parvenu à arrêter le voleur. C'était Jean Valjean.

Jean Valjean a alors été condamné à cinq ans de galères mais, après plusieurs évasions, il y est resté dix-neuf ans.

Après le dîner, l'évêque accompagne Jean Valjean dans sa chambre qui se trouve juste à côté de la sienne.

Le lendemain matin, quand l'évêque se lève, l'homme est déjà parti.

Tout à coup, Mme Magloire arrive en courant et lui dit :

– Monseigneur, l'argenterie a disparu. Je suis sûre que c'est cet homme qui l'a volée.

– Cette argenterie était-elle à nous ? demande l'évêque.

Mme Magloire le regarde, bouche bée.

– Madame Magloire, je gardais cette argenterie à tort[1]. Elle était aux pauvres. Qu'est-ce que cet homme ? Un pauvre, évidemment.

Quelques instants après, il déjeune à la table où il a dîné la veille avec Jean Valjean. Au moment où sa sœur et lui vont se lever de table, on frappe à la porte.

– Entrez, dit l'évêque.

La porte s'ouvre. Quatre hommes apparaissent : ce

---

1. À tort : injustement.

sont trois gendarmes et Jean Valjean.

– Monseigneur..., dit un des gendarmes.

– Monseigneur..., murmure Jean Valjean, stupéfait.

– Silence, dit le gendarme, c'est Monseigneur l'évêque.

Mais l'évêque s'approche de Jean Valjean et lui dit :

– Ah ! Vous voilà ! Je vous ai aussi donné les chandeliers, pourquoi ne les avez-vous pas emportés avec les couverts ?

Jean Valjean ouvre de grands yeux en entendant l'évêque.

– Monseigneur, dit le gendarme, cet homme nous a dit que vous lui aviez donné ces couverts, c'était donc vrai ?

– Naturellement, répond l'évêque.

Et il va à la cheminée, prend deux chandeliers en argent, les donne à Jean Valjean et lui dit :

– Mon ami, avant de vous en aller, prenez vos chandeliers. Les voici.

Jean Valjean se met à trembler. Il prend les deux chandeliers machinalement.

– Maintenant, dit l'évêque, allez en paix.

Jean Valjean sort de la maison de l'évêque et marche rapidement. Il se trouve bientôt hors de la ville.

Tout à coup, il entend un bruit joyeux. Il tourne la tête et voit venir sur le sentier un petit garçon de dix ans qui chantonne. Tout en chantant, il fait sauter dans sa main quelques pièces de monnaie. Toute sa fortune.

Tout à coup, une des pièces tombe et va rouler jusqu'aux pieds de Jean Valjean. Jean Valjean met le pied dessus.

L'enfant, qui suit sa pièce du regard, s'approche de l'homme.

– Monsieur, dit-il, ma pièce !

– Comment t'appelles-tu ? dit Jean Valjean.

– Petit-Gervais, monsieur.

– Va-t'en, dit Jean Valjean.

– Monsieur, rendez-moi ma pièce.

Il semble que Jean Valjean n'entend pas. Il a un air effrayant. L'enfant le prend par sa veste et le secoue. Il se met à pleurer en hurlant :

– Je veux ma pièce ! Je veux ma pièce !

Tout à coup, Jean Valjean le regarde. Ses yeux sont pleins de haine.

– Va-t'en, crie-t-il à l'enfant.

L'enfant, effrayé, se met à courir sans oser se retourner. Au bout d'un moment, il disparaît.

Jean Valjean semble alors revenir à la réalité. Il voit la pièce à ses pieds et dit :

– Qu'est-ce que c'est que ça ?

Il la prend, se redresse et se met à regarder de tous les côtés. Alors, il crie de toutes ses forces :

– Petit-Gervais ! Petit-Gervais !

Il se tait et attend. Il murmure encore : Petit-Gervais, puis il tombe à genoux. Il se rend compte du mal qu'il vient de faire. Les poings dans ses cheveux et le visage dans ses genoux, il crie :

– Je suis un misérable !

Alors il se met à pleurer. C'est la première fois qu'il pleure depuis dix-neuf ans.

***

PISTE 3

En 1818, une jeune femme, nommée Fantine, vient s'installer à Montreuil-sur-mer, sa ville natale.

Fantine, qui a quitté sa ville depuis une dizaine d'années pour aller vivre à Paris, la trouve très changée. En effet, au moment où elle revient, l'industrie des jais[1] anglais et des verroteries[2] noires d'Allemagne est en pleine expansion grâce à un homme qui s'est installé dans la ville trois ans plus tôt. On ignore tout de cet homme, qu'on appelle M. Madeleine, mais il est maintenant très riche et est devenu maire* de la ville.

Ce que l'on peut dire de M. Madeleine, c'est qu'il est très aimé et respecté de tous, car c'est un homme bon et généreux, qui fait toujours le bien autour de lui.

Cependant, dans la ville, seul un homme n'aime pas M. Madeleine. Cet homme, c'est Javert. Il est inspecteur de police* et, à cause de son caractère et de sa profession, il se méfie toujours de tout le monde. Ce qui lui semble étrange chez M. Madeleine, c'est qu'on ignore d'où il vient. Javert a donc toujours l'œil fixé sur lui, ce dont M. Madeleine s'est aperçu.

---

1. Jais : roche très dure, d'un noir brillant, avec laquelle on fait des bijoux.
2. Verroterie : ensemble de petits ouvrages de verre coloré, de bijoux de peu de valeur.

Telle est la situation du pays quand Fantine y revient.

Comme elle cherche du travail, elle trouve facilement un emploi dans l'atelier des femmes de la fabrique de monsieur le maire. Ce qu'elle gagne lui suffit pour vivre.

Cependant, dans ces petites villes, les gens s'observent les uns les autres. On remarque un jour que Fantine, qui ne sait pas écrire, va souvent trouver l'écrivain public* pour lui faire écrire des lettres. On s'informe et on apprend bientôt qu'elle écrit toujours à la même personne : *M. Thénardier, aubergiste* à *Montfermeil*.

Les gens sont curieux et veulent souvent connaître la vie des autres. On fait donc parler l'écrivain public qui, après quelques verres de vin rouge, avoue assez vite que Fantine, qui n'est pas mariée, a une petite fille qui vit chez ce fameux Thénardier et qu'elle lui envoie souvent de l'argent pour les soins de cette enfant.

Fantine est depuis un an à la fabrique lorsqu'un matin la surveillante* de l'atelier lui remet, de la part de monsieur le maire, une petite somme d'argent en lui disant qu'elle ne fait plus partie de l'atelier et en lui conseillant de quitter le pays.

Commencent alors pour Fantine des moments très difficiles car elle n'arrive pas à retrouver de travail et les Thénardier, qui sont des gens mauvais qui profitent de la situation –ce que Fantine ignore–, ne cessent de lui demander des sommes d'argent de plus en plus élevées en inventant toute sortes de prétextes.

Un jour, Fantine reçoit une lettre dans laquelle Thénardier lui dit que sa petite Cosette –ainsi se nomme la fillette– n'a plus d'habits à se mettre. Comme il fait froid, il faut qu'elle envoie au moins dix francs pour acheter une jupe de laine. Fantine n'a plus rien. Elle ne sait comment payer. Soudain, il lui vient une idée. Fantine, nous ne l'avons pas dit, est très belle. Ses cheveux blonds sont magnifiques. Alors elle n'hésite pas. Pour sa fille, elle est prête à tout. Elle se rend chez le barbier* et vend ses admirables cheveux.

Mais les lettres de Thénardier continuent à venir, et les sommes demandées sont de plus en plus importantes. Après les cheveux, Fantine vend ses dents puis elle se vend elle-même et devient fille publique[1].

Vers les premiers jours de janvier, un soir qu'il a neigé, Fantine, vêtue très légèrement, passe et repasse devant la vitre du café des officiers* quand un homme, qui se croit sans doute très drôle, s'approche d'elle et lui dit en riant :

– Que tu es laide ! Veux-tu te cacher ! Tu n'as pas de dents !

Fantine ne lui répond pas. Mais l'homme continue à la déranger. Soudain, il s'avance derrière elle à pas de loup[2], prend une poignée de neige et la lui plonge

---

1. Fille publique : prostituée.
2. À pas de loup : sans faire de bruit.

brusquement dans le dos. Fantine pousse un hurle-ment, se tourne, bondit sur l'homme et lui enfonce ses ongles dans le visage en l'insultant.

Un groupe se forme alors autour de ces deux per-sonnages. Soudain, un homme de haute taille s'avan-ce, saisit Fantine par sa robe et lui dit :

– Suis-moi !

Fantine lève la tête. Sa colère tombe aussitôt. Elle est pâle et tremble de peur. L'homme qui vient de la saisir est Javert, l'inspecteur de police.

Javert conduit Fantine au bureau de police, la lais-se tomber dans un coin, tire de sa poche une feuille de papier et se met à écrire en silence.

Quand il a fini, il signe, plie le papier et dit au ser-gent* du poste :

– Cette fille a attaqué un homme. Prenez trois hommes et emmenez-la en prison. Puis à Fantine : tu resteras en prison pendant six mois.

La malheureuse se met à trembler.

– Six mois de prison ! crie-t-elle. Mais que va deve-nir Cosette ! ma fille ! ma fille ! Mais je dois encore payer plus de cent francs aux Thénardier qui s'occu-pent d'elle, monsieur l'inspecteur, savez-vous cela ?

Javert tourne le dos et les soldats* la saisissent par le bras.

Depuis quelques minutes, un homme est entré dans le bureau, a fermé la porte et a écouté les prières de Fantine.

Au moment où les soldats mettent la main sur

Fantine, cet homme s'approche et dit :

– Un instant, s'il vous plaît !

Javert lève les yeux et reconnaît M. Madeleine. Il ôte son chapeau et dit :

– Pardon, monsieur le maire...

Ces mots, *monsieur le maire*, font sur Fantine un effet étrange. Elle se dresse, repousse les soldats des deux bras, marche sur M. Madeleine et elle s'écrie :

– Ah ! c'est donc toi qui es monsieur le maire !

Puis elle éclate de rire et lui crache au visage.

M. Madeleine s'essuie le visage et dit :

– Inspecteur Javert, mettez cette femme en liberté.

– Mais, monsieur le maire...

– Plus un mot. Sortez.

Javert reçoit le coup sans rien dire. Il salue et sort.

Quand il est sorti, M. Madeleine dit à Fantine :

– Je paierai vos dettes[1], je ferai venir votre enfant. Je me charge d'elle et de vous. Vous redeviendrez honnête en redevenant heureuse.

Fantine ne peut en supporter plus. En entendant cela, en pensant qu'elle va pouvoir vivre heureuse avec Cosette, elle se met à pleurer puis tombe évanouie.

M. Madeleine la fait transporter dans une infirmerie tenue par des religieuses*.

Fantine a repris connaissance mais elle a beaucoup

1. Dettes : sommes d'argent qu'une personne doit à une autre.

de fièvre. On fait venir un médecin*.

– Eh bien ? demande M. Madeleine au médecin.

– Elle a une enfant qu'elle désire voir, c'est bien ce que vous m'avez dit ? dit tout bas le médecin.

– Oui.

– Eh bien, faites-la venir assez vite car l'état de la mère n'est pas très bon.

M. Madeleine sursaute.

– Qu'a dit le médecin ? lui demande Fantine.

M. Madeleine s'efforce de sourire.

– Il a dit de faire venir bien vite votre enfant. Que cela vous redonnera la santé. J'enverrai quelqu'un chercher Cosette.

M. Madeleine s'informe alors sur la vie de Fantine, envoie de l'argent aux Thénardier et leur demande de ramener la petite à sa mère. Il va voir Fantine deux fois par jour. Son état de santé ne change pas.

Deux semaines plus tard, alors qu'il est en train de travailler dans son bureau, on vient lui annoncer que l'inspecteur Javert désire le voir.

– Faites-le entrer, dit-il.

Javert entre. Il reste silencieux un instant puis dit :

– Monsieur le maire, il y a dix jours, à la suite de cette scène avec cette fille, j'étais furieux et je vous ai dénoncé[1].

– Dénoncé !

– À la préfecture de police de Paris. J'ai dit que

---

1. Dénoncer quelqu'un : dire que quelqu'un est coupable.

vous étiez un ancien forçat...

– Comment ! dit M. Madeleine.

– Vous vous souvenez du jour où la charrette[1] du père Fauchelevent s'est renversée sur lui et où vous êtes parvenu à la soulever et à le sauver. Ce jour-là, j'ai pensé que seul un ancien forçat pouvait le faire. Alors je me suis informé et je vous ai pris pour un galérien nommé Jean Valjean. Puis, furieux, je vous ai dénoncé.

– Et que vous a-t-on répondu ?

– Que j'étais fou.

– Eh bien ?

– On avait raison car le véritable Jean Valjean vient d'être arrêté.

La feuille que tient M. Madeleine lui échappe des mains.

Javert poursuit :

– Il se fait appeler Champmathieu et a été arrêté pour vol mais, à la prison, un ancien forçat l'a reconnu. C'est Jean Valjean.

– Vous êtes sûr ? demande le maire d'une voix très basse.

– Oui, monsieur. Je vous ai soupçonné injustement et je vous ai dénoncé comme forçat, vous un homme respectable, un maire. J'ai offensé l'autorité dans votre personne, moi, agent de l'autorité. Je demande simplement à être destitué[2] de mon poste.

---

1. Charrette : voiture à deux roues tirée par un cheval.
2. Destituer quelqu'un : le priver de son emploi, de son poste, de sa fonction.

– Nous verrons ! dit M. Madeleine.

Javert sort. M. Madeleine reste rêveur.

Le lecteur a sans doute deviné que M. Madeleine n'est autre que Jean Valjean.

Après l'aventure avec l'évêque Myriel et Petit-Gervais, il est devenu un autre homme. Il a vendu l'argenterie et, avec cet argent, il est venu s'installer à Montreuil-sur-mer, où il est parvenu à devenir ce qu'il voulait être : un homme honnête, bon et généreux.

Mais depuis la visite de Javert, une lutte sérieuse vient de s'engager dans son âme. Doit-il se taire et laisser un innocent être condamné à sa place ou doit-il parler ?

Après une nuit où il ne peut dormir, il décide de se rendre au procès[1] de Champmathieu.

Là, il avoue qui il est et donne des preuves de son identité puis quitte la salle d'audience.

Le lendemain, il se rend auprès de Fantine. Comme elle ne l'a pas vu pendant deux jours, Fantine pense qu'il est allé chercher Cosette. Quand elle le voit entrer dans la pièce, elle lui demande :

– Et Cosette ?

Jean Valjean lui prend la main et lui répond :

– Cosette est belle, Cosette se porte bien, vous la verrez bientôt, mais calmez-vous. Vous parlez trop et cela vous fait tousser.

Tout à coup, le regard de Fantine devient

---

1. Procès : jugement.

effrayant ; elle se soulève à demi sur son lit et semble regarder fixement quelque chose. Elle tremble de peur. Jean Valjean se retourne et voit Javert.

À l'instant où le regard de Jean Valjean rencontre celui de Javert, Javert devient horrible.

Fantine ne peut supporter cela, elle hurle :

– Monsieur Madeleine, sauvez-moi !

Jean Valjean lui répond :

– Soyez tranquille. Ce n'est pas pour vous qu'il est là.

Alors Fantine voit une chose incroyable : elle voit Javert saisir M. le maire et celui-ci baisser la tête. Il lui semble que le monde s'évanouit.

– Monsieur le maire ! crie Fantine.

Javert éclate de rire.

– Il n'y a plus de monsieur le maire, ici !

Jean Valjean n'essaie pas d'échapper à la main qui le retient. Il dit tout bas :

– Monsieur, je voudrais vous dire un mot en particulier.

– Tout haut ! parle tout haut, répond Javert ; on me parle tout haut à moi.

Jean Valjean continue tout bas :

– Accordez-moi trois jours ! Trois jours pour aller chercher l'enfant de cette malheureuse femme. Vous m'accompagnerez si vous voulez.

– Tu veux rire ! crie Javert, trois jours pour aller chercher l'enfant de cette femme !

Fantine a un tremblement.

– Mon enfant ! s'écrie-t-elle. Elle n'est donc pas ici !

Elle se redresse tout d'un coup, regarde Jean Valjean, regarde Javert, étend les mains comme si elle voulait saisir quelqu'un puis retombe sur son lit, morte.

Jean Valjean s'approche d'elle, lui murmure quelque chose à l'oreille puis suit Javert.

Le soir même, il parvient à se sauver de prison. Il revient vite prendre des affaires chez lui puis disparaît bientôt dans la nuit.

***

PISTE 4

À Montfermeil, là où se trouve l'auberge des Thénardier, il faut aller chercher l'eau très loin, à la source[1], dans une forêt. C'est Cosette qui doit le faire, ce qui l'épouvante quand elle doit y aller la nuit.

Mais avant de poursuivre notre récit, il est temps de décrire les Thénardier.

Thénardier a cinquante ans. Il est petit et maigre. Sa femme, par contre, qui est plus jeune que lui, est grande et imposante et a l'air particulièrement mauvais. Ils ont deux filles, de six et huit ans.

Quand un client arrive à l'auberge, il pense aussitôt que c'est la femme qui commande. Mais il se trompe. Thénardier dirige tout, avec son esprit malin et fourbe[2]. Aucun doute, le maître, c'est lui !

---

1. Source : endroit où l'eau sort de terre.
2. Fourbe : hypocrite, sournois.

Tels sont ces deux êtres. Cosette est entre eux et vit un enfer. Elle est battue, c'est à cause de la femme ; elle marche pieds nus l'hiver, c'est à cause du mari. La pauvre enfant se laisse faire et se tait.

Ce soir-là, il fait très froid. Quatre voyageurs viennent d'arriver et Cosette pense tristement qu'elle va devoir aller chercher de l'eau car il n'en reste presque plus.

Elle a une paupière noire car la Thénardier lui a donné un coup, ce qui fait dire de temps en temps à cette dernière :

– Mon Dieu qu'elle est laide avec cet œil noir !

Soudain, la Thénardier ouvre toute grande la porte de la rue et dit :

– Va chercher de l'eau !

Cosette baisse la tête et va prendre un seau vide qui est près de la cheminée. Le seau est plus grand qu'elle.

Elle sort, la porte se referme.

Elle traverse le village en courant. Elle entre dans le bois toujours en courant, ne regardant rien, n'entendant rien. Elle a envie de pleurer.

Elle arrive ainsi à la source. Elle remplit son seau puis le saisit à deux mains et commence à le soulever. Elle fait ainsi une douzaine de pas mais le seau est plein, il est lourd et elle est obligée de le poser à terre.

Elle respire un instant puis elle le soulève à nouveau et se remet à marcher, cette fois, un peu plus longtemps.

Alors, elle sent tout à coup que le seau ne pèse plus. Une main, qui lui paraît énorme, vient de le saisir. Elle lève la tête et elle voit un homme grand qu'elle n'a pas vu arriver et qui marche à côté d'elle.

L'enfant n'a pas peur.

L'homme lui adresse la parole. Il parle d'une voix grave :

– Mon enfant, c'est bien lourd ce que tu portes là.

– Oui, monsieur.

– Donne, reprend l'homme, je vais le porter.

Cosette lâche le seau. L'homme se met à marcher près d'elle.

– Quel âge as-tu ?

– Huit ans, répond l'enfant.

– Comment tu t'appelles ?

– Cosette.

En entendant ce nom, l'homme sursaute.

Comme ils approchent de l'auberge, Cosette lui touche le bras et dit timidement :

– Monsieur, nous voilà près de la maison. Voulez-vous me redonner le seau ?

– Pourquoi ?

– C'est que, si madame Thénardier voit qu'on me l'a porté, elle me battra.

L'homme lui redonne le seau. Un instant après, ils sont devant la porte de l'auberge.

L'homme, qui est en réalité Jean Valjean, prend une chambre pour la nuit.

Le lendemain, il descend de bonne heure dans la

salle pour payer sa chambre.

– Madame, je m'en vais, dit-il à la Thénardier.

La Thénardier lui prépare sa note.

– Vous faites de bonnes affaires[1], ici ? demande Jean Valjean.

– Oh, monsieur, la vie est difficile pour nous ! Et en plus, cette petite nous coûte très cher !

– Quelle petite ?

– Eh bien, Cosette !

– Et si je l'emmenais ?

– Qui ? La Cosette ?

– Oui.

Le visage de l'horrible femme se transforme.

– Ah, mon bon monsieur, prenez-la et gardez-la.

– Parfait.

– Vrai ? Vous l'emmenez ?

– Je l'emmène. Appelez l'enfant.

Thénardier, qui se trouvait là et a tout entendu, s'avance alors et dit :

– Monsieur, il me faut quinze cents francs.

Sans un mot, Jean Valjean sort un vieux porte-feuille de sa poche et paie.

– Faites venir Cosette.

Un instant après, Cosette entre dans la salle.

Jean Valjean la prend par la main et ils sortent de l'auberge.

Le soir même, ils arrivent à Paris.

---

1. Faire de bonnes affaires : gagner de l'argent.

DEUXIÈME PARTIE

PISTE 5

*H*UIT OU NEUF ANS SONT PASSÉS depuis que Jean Valjean a sauvé Cosette des griffes des Thénardier.

À Paris, dans un appartement d'une maison délabrée[1], connue sous le nom de la « masure Gorbeau », vit un jeune homme nommé Marius Pontmercy.

Marius vient de terminer ses études de droit. Il travaille de temps en temps pour une librairie, ce qui lui permet tout juste de vivre.

Il fréquente aussi d'anciens camarades d'études qui font partie d'un petit groupe politique. Marius assiste parfois à quelques-unes de leurs réunions.

Pour toute famille, Marius n'a plus que son grand-père, M. Gillenormand, un vieillard fort riche avec qui il s'est récemment fâché après une grave discussion politique et qu'il ne revoit plus.

C'est un beau jeune homme de taille moyenne, aux cheveux noirs épais et au visage sincère et calme.

Marius a pour habitude de faire une promenade quotidienne dans le jardin du Luxembourg.

Depuis deux semaines, il a remarqué qu'un homme

---

1. Délabré : en mauvais état.

et une jeune fille viennent s'asseoir tous les jours à la même heure sur un banc du jardin.

Le monsieur est un homme d'une soixantaine d'années, aux cheveux blancs et à l'air doux et bon. La jeune fille, qui est grande et belle, a une chevelure magnifique. Marius, qui ignore leur nom, a surnommé le monsieur *M. Leblanc*, à cause de la couleur de ses cheveux.

Ce jour-là, il fait un temps superbe. Marius a le cœur en fête.

Il passe près du banc où est assis le couple. La jeune fille lève alors les yeux sur lui ; leurs deux regards se rencontrent.

Qu'y a-t-il dans le regard de la jeune fille ? Marius ne peut le dire. Il n'y a rien et il y a tout. C'est une étrange et merveilleuse sensation.

Les jours suivants, Marius attend avec impatience le moment de se rendre au Luxembourg. Il est certain que la jeune fille le regarde. Un mois passe ainsi.

Un jour, il décide d'ajouter au bonheur de la voir, celui de la suivre jusque chez elle.

Un soir, il demande au portier* de leur immeuble :

– C'est le monsieur du premier qui vient de rentrer ?

– Non, c'est le monsieur du troisième.

– Et que fait-il ?

– C'est un rentier* qui vit avec sa fille. C'est un homme très bon et qui fait du bien aux malheureux.

– Comment s'appelle-t-il ?

– Mais dites-moi, jeune homme, pourquoi toutes ces questions ?

Marius n'insiste pas. Il est déjà assez heureux comme cela.

Le lendemain, il les suit à nouveau.

En arrivant devant la maison, M. Leblanc fait passer sa fille devant, se retourne et regarde Marius fixement.

Le jour suivant, ils ne viennent pas au Luxembourg. Et ainsi pendant une semaine.

Marius se contente d'aller le soir devant leur maison.

Mais un soir, il ne voit plus de lumière. Il va trouver le portier :

– Le monsieur du troisième ?

– Il a déménagé, répond le portier.

Marius ne peut croire ce qu'il entend.

– Et où vit-il maintenant ?

– Je n'en sais rien. Mais, c'est encore vous...

Marius s'en va, le cœur empli de tristesse.

PISTE 6

Les mois passent. Ni M. Leblanc ni la jeune fille n'ont remis les pieds au Luxembourg. Marius n'a plus qu'une pensée, revoir ce doux et beau visage. Il cherche toujours, il cherche partout mais ne trouve rien. Il est désespéré.

Un jour d'hiver, alors qu'il rentre chez lui en marchant à pas lents, il est soudain bousculé par deux jeunes filles qui passent rapidement. Marius s'arrête un moment. Il va reprendre sa route quand il voit à ses pieds un petit paquet. Il le ramasse, le met dans sa poche et rentre chez lui.

Le soir, quand il se déshabille pour se coucher, sa main rencontre dans sa poche le paquet qu'il a ramassé dans la rue.

Il défait l'enveloppe et voit qu'il contient des lettres écrites à différentes adresses. Il les remet dans l'enveloppe et va se coucher.

Le lendemain, vers sept heures du matin, alors qu'il va s'installer à sa table de travail, on frappe doucement à sa porte. Il va ouvrir. Il se trouve devant une jeune fille pauvrement vêtue et très maigre.

– Que voulez-vous, mademoiselle ? demande Marius.

– J'ai une lettre pour vous, répond-elle.

Marius ouvre la lettre et la lit. C'est une lettre de son voisin, un nommé Jondrette, qui lui demande un peu d'argent car il est dans le besoin.

Cette lettre ressemble étrangement à celles du paquet qu'il a ramassé la veille : même écriture, même papier.

Marius ne parle pas avec ses voisins. Mais il connaît Jondrette de vue et sait qu'il vit avec sa femme et ses deux filles. Il les a plus d'une fois rencontrés dans l'escalier mais il n'a jamais fait très attention à eux. Maintenant, en voyant la lettre, il comprend tout. Il comprend que les deux filles qui l'ont bousculé, la veille, sont les filles Jondrette et que leur père, qui vit dans la misère, demande à des bienfaiteurs de leur venir en aide[1].

Il regarde la jeune fille avec pitié. Celle-ci vient de s'approcher des livres qui sont sur la table. Elle s'écrie :

– Je sais lire, moi, et je sais aussi écrire.

Elle trempe la plume dans l'encre et écrit quelque chose sur un papier. Puis elle tend le papier à Marius.

– Tenez, lisez. Vous verrez, il n'y a pas une seule faute. C'est que, ma sœur et moi, nous avons eu de l'éducation. Avant, nous ne vivions pas comme maintenant...

Marius lit :

Les cognes[2] sont là.

Il repose le papier sur la table, sort une pièce de cinq francs de sa poche (tout ce qu'il possède), prend le paquet de lettres puis dit à la jeune fille :

– Tenez, prenez ceci et aussi ce paquet de lettres qui est à vous.

La jeune fille s'écrie :

– Oui, nous l'avons perdu hier. Il y a là une lettre pour un vieux qui va à la messe. Je vais aller lui porter, il me donnera peut-être de quoi déjeuner.

Et elle sort.

---

1. Venir en aide à quelqu'un : l'aider.
2. Cogne : (argot) ce mot vient du verbe *cogner*, c'est-à-dire, donner des coups, et signifie gendarme, agent de police.

Cette visite a laissé Marius perplexe. Il se sent plein de pitié pour ces pauvres gens. Il essaie de travailler mais ne cesse de penser à eux.

Un quart d'heure passe. Tout en réfléchissant, Marius se met à regarder le mur derrière lequel vivent les Jondrette. Soudain, il s'en approche car il vient de remarquer, près du plafond, un trou triangulaire. Poussé par la curiosité, il monte sur une commode[1] et regarde dans le logis[2] de ses voisins.

La porte vient de s'ouvrir brusquement. La fille, qui est venue chez Marius et qui est l'aînée, apparaît.

– Il vient, dit-elle avec un air de triomphe.

Le père tourne les yeux, la mère tourne la tête, la sœur ne bouge pas.

– Qui ? demande le père.

– Le monsieur, le philanthrope[3].

L'homme se dresse. Il y a une sorte d'illumination sur son visage.

– Ma femme ! crie-t-il, éteins le feu. Et à sa fille : il fait froid ?

– Très froid. Il neige.

Le père se tourne vers la plus jeune et lui dit :

– Casse un carreau.

La fille obéit.

Le père promène son regard partout, dans la pièce,

---

1. Commode : meuble avec des tiroirs dans lequel on met des habits.
2. Logis : endroit où on habite.
3. Philanthrope : personne qui aide les autres.

comme pour s'assurer qu'il n'a rien oublié.

On frappe à la porte. L'homme va ouvrir et dit avec un sourire d'adoration :

– Entrez, monsieur, entrez mon respectable bienfaiteur, ainsi que votre charmante jeune fille.

Un homme d'âge mûr et une jeune fille entrent dans la pièce.

Marius n'a pas quitté sa place. Ce qu'il éprouve en ce moment est inimaginable.

C'est Elle.

Elle est là, tout près, toujours si belle, si délicate et elle accompagne M. Leblanc.

Elle fait quelques pas dans la pièce et pose un gros paquet sur la table.

M. Leblanc dit à Jondrette :

– Monsieur, voici des vêtements.

– Merci, merci, mon bienfaiteur, fait Jondrette.

Jondrette fixe M. Leblanc d'un air étrange. Soudain, il dit :

– Monsieur, mon bon monsieur, savez-vous ce qui va se passer demain ? Je dois payer mon logis. J'ai déjà deux mois de retard et mon propriétaire menace de me chasser. Si je ne paie pas, nous serons tous dans la rue.

M. Leblanc fouille dans sa poche et dit :

– Monsieur, je n'ai que cinq francs sur moi. De combien avez-vous besoin ?

– De soixante francs.

– Je vais reconduire ma fille à la maison et je

reviendrai ce soir ; c'est bien ce soir que vous devez payer ?

Le visage de Jondrette s'éclaire d'une expression étrange.

– Oui, mon respectable monsieur. À huit heures, je dois être chez mon propriétaire.

– Je serai ici à six heures, avec l'argent.

– Merci, mon bon monsieur. Je vous raccompagne à votre voiture.

M. Leblanc prend le bras de sa fille et ils sortent, accompagnés de Jondrette.

Marius a vu toute la scène et pourtant, en réalité, il n'a rien vu. Ses yeux sont restés fixés sur l'adorable jeune fille.

Quand elle sort, il n'a qu'une pensée, la suivre. Il saute à bas de la commode et prend son chapeau.

Il n'y a plus personne dans le couloir. Plus personne dans l'escalier. Il descend dans la rue et voit une voiture s'éloigner.

Marius remonte l'escalier à pas lents. Dans le couloir, il aperçoit derrière lui l'aînée des Jondrette qui le suit.

– C'est vous ? Toujours vous ? Que me voulez-vous ?

– Monsieur Marius, vous avez l'air triste. Qu'est-ce que vous avez ?

– Je n'ai rien, répond Marius.

– Je ne vous demande pas vos secrets mais, si vous voulez, je peux vous aider.

Une idée traverse l'esprit de Marius.

– Écoute… est-ce que tu connais l'adresse du monsieur qui est venu chez toi avec sa fille ?

– Non.

– Trouve-la-moi.

L'œil de la jeune fille, qui était joyeux, devient sombre.

– C'est tout ce que vous voulez ?

– Oui.

– Vous aurez l'adresse de la belle demoiselle.

Sur ce, elle rentre chez elle.

Marius rentre aussi chez lui, s'assoit sur une chaise et se plonge dans ses pensées. Soudain, il est arraché à sa rêverie par la voix de Jondrette. Il écoute.

– Je te dis que j'en suis sûr et que je l'ai reconnu.

De qui parle Jondrette ? De M. Leblanc ? Marius va-t-il enfin savoir le nom de celle qu'il aime ?

Il grimpe à nouveau sur la commode.

– Tu veux que je te dise une chose, fait Jondrette à sa femme, eh bien, la demoiselle…

– Quoi, la demoiselle ? dit la femme.

– C'est elle !

– Ça ? dit la femme.

– Oui, répond le mari.

– Quoi ? reprend la femme. Cette horrible belle demoiselle qui regardait mes filles d'un air de pitié, ce serait elle ! Oh, je voudrais la frapper à mort !

La femme Jondrette paraît effrayante à Marius.

Jondrette reste un instant silencieux puis il dit :

– Écoute bien. Il est pris, le vieil homme ! Tout est

arrangé. J'ai vu des gens. Il viendra ce soir à six heures, avec ses misérables soixante francs ! Six heures, c'est l'heure où le voisin va dîner, la maison sera vide. Tu verras, il donnera ce que l'on veut.

– Et s'il ne veut pas s'exécuter ? demande la femme.

Jondrette fait le geste de se couper le cou et dit :

– On l'exécutera.

Et il éclate de rire.

Marius est horrifié. Il avait pitié de ces pauvres gens mais il découvre soudain que c'est un nid de monstres qu'il a sous les yeux.

– Il faut mettre le pied sur ces misérables, se dit-il, mais comment ?

Il n'y a qu'une chose à faire.

Marius prend son manteau et son chapeau et se rend au commissariat de police.

On l'introduit dans un bureau. Un homme de haute taille à l'air dur lui demande :

– Que voulez-vous ?

– Je veux voir monsieur le commissaire de police*.

– Il n'est pas là, je le remplace.

Marius lui raconte l'aventure.

– Tout ça a l'air d'un guet-apens[1]. Tenez, dit-il en prenant un pistolet et en le tendant à Marius. Il est chargé. Rentrez chez vous. Cachez-vous dans votre chambre. Les gens viendront, laissez faire. Quand

---

1. Guet-apens : piège tendu à quelqu'un.

vous verrez que les choses s'aggravent, tirez un coup. Je m'occupe du reste.

– Bien, fait Marius puis il se dirige vers la porte.

– À propos, fait l'homme, si vous avez besoin de moi d'ici là, venez et demandez l'inspecteur Javert.

Marius rentre vite et discrètement chez lui. Il est cinq heures et demie.

Un quart d'heure plus tard, il monte sur la commode et commence à observer.

Jondrette marche dans la pièce et dit de temps en temps :

– J'espère qu'il va venir.

Six heures sonnent. On frappe à la porte. La femme va ouvrir.

– Entrez, monsieur, dit-elle.

M. Leblanc paraît. Il pose de l'argent sur la table.

Marius lève les yeux et aperçoit, au fond de la pièce, un homme qu'il n'avait pas vu jusque-là. Il vient d'entrer sans faire de bruit.

M. Leblanc vient de le voir. Il a un mouvement de surprise.

– Qui est cet homme ? demande-t-il.

– Ça ? dit Jondrette, c'est un voisin.

On entend un léger bruit. Deux autres hommes entrent.

Jondrette remarque que M. Leblanc observe les hommes.

– Ce sont des amis, dit-il, ne vous en occupez pas, mon bienfaiteur. Merci, mille fois merci, sans vous, je n'avais plus qu'à me jeter dans la Seine.

À peine Jondrette a-t-il prononcé cette phrase que les hommes viennent se placer derrière M. Leblanc. Celui-ci devient très pâle. Jondrette, changeant de visage, lui crie :

– Vous me reconnaissez ?

M. Leblanc le regarde en face et répond :

– Non.

Jondrette s'avance vers lui, approche son visage féroce de celui de M. Leblanc et lui dit :

– Je ne m'appelle pas Jondrette, je me nomme Thénardier ! Je suis l'aubergiste de Montfermeil ! Entendez-vous bien ? Thénardier ! Maintenant, vous me reconnaissez ?

M. Leblanc rougit légèrement mais répond d'une voix calme :

– Non.

– Non, hurle Thénardier. L'auberge de Montfermeil, ça ne vous dit rien. Il y a huit ans, je m'occupais d'une fille qui était sûrement d'une famille riche car elle me rapportait beaucoup d'argent. Un jour, vous me l'avez enlevée et vous avez causé mon malheur. Alors, vous allez réparer le mal que vous m'avez fait et vous allez payer. Il me faut de l'argent, beaucoup d'argent, vous entendez !

M. Leblanc fait rapidement un pas vers la fenêtre. Les hommes de Thénardier tombent alors sur lui. La Thénardier l'attrape par les cheveux.

– Il n'y a qu'une chose à faire, dit-elle.

– L'assassiner, hurle Thénardier.

Il marche vers la table, ouvre un tiroir et prend un couteau.

Marius est horrifié. Il regarde machinalement autour de lui et voit, sur la table, le mot écrit par la fille de Thénardier : *les cognes sont là.*

Il saute de la commode, le saisit et le passe par le trou.

– Quelque chose qui tombe ! crie la Thénardier.

Thénardier se précipite et saisit le papier.

– C'est l'écriture d'Éponine, crie-t-il. Vite, fuyons, la police arrive.

Et il se précipite vers la fenêtre.

– Après nous, hurlent deux bandits.

– Tirons au sort[1] qui sortira le premier, fait un autre.

– Vous êtes des enfants, dit Thénardier. Tirer au sort !

– Vous voulez de l'aide ? crie une voix.

Tous se retournent ; c'est Javert qui vient d'entrer dans la pièce.

Javert avait placé des hommes près de la maison. Comme le temps passait et qu'il n'entendait pas de coup de pistolet, il a décidé de monter voir ce qui se passait.

On arrête les bandits. Javert s'assoit à la table et commence à écrire. Il demande qu'on fasse approcher M. Leblanc qu'il a à peine regardé en entrant.

---

1. Tirer au sort : désigner par le hasard.

Les agents regardent autour d'eux.

– Mais, où est-il ? demande Javert.

M. Leblanc a disparu. Il a profité du trouble pour sauter par la fenêtre. Un agent court voir. Il n'y a personne.

– Diable ! dit Javert, ce devait être le meilleur.

PISTE 7

Après avoir assisté au dénouement[1] inattendu du guet-apens, Marius a abandonné la « masure Gorbeau » et est allé s'installer chez un de ses amis étudiants, nommé Courfeyrac.

Javert a essayé pendant un certain temps de le retrouver mais il n'y est pas parvenu. Il s'imagine qu'il a eu peur et qu'il est parti.

Deux mois se sont écoulés. Marius est toujours chez Courfeyrac.

Un matin, il décide de se promener pour pouvoir ensuite se mettre plus facilement au travail. Il pense à Elle.

Tout à coup, il entend une voix connue qui dit :

– Tiens ! Le voilà.

Il lève les yeux et reconnaît la fille de Thénardier, Éponine.

Elle regarde Marius dans les yeux et lui dit :

– J'ai l'adresse !

---

1. Dénouement : façon dont s'est terminée l'histoire.

Marius pâlit. Son cœur se met à battre à toute vitesse.

– Venez avec moi, répond-elle, je vais vous conduire.

– Jure-moi que tu ne le diras pas à ton père, dit Marius en lui saisissant le bras. Promets-le-moi.

– Mon père ? dit-elle en riant. Il est en prison. D'ailleurs, est-ce que je m'occupe de mon père !

Marius fouille dans sa poche et met une pièce de cinq francs dans la main d'Éponine.

Elle ouvre les doigts et laisse tomber la pièce.

– Je ne veux pas votre argent, dit-elle.

* * *

PISTE 8

Dans la rue Plumet, il existe une petite maison discrète qui possède un joli jardin. Cette maison est occupée par un homme d'âge mûr et sa fille. Il l'a louée sous le nom de M. Fauchelevent.

Grâce aux événements précédents, le lecteur a naturellement compris que M. Leblanc et M. Fauchelevent ne forment qu'un seul homme et qu'en réalité, cet homme est Jean Valjean.

Lorsque, neuf ans plus tôt, Jean Valjean est arrivé avec Cosette à Paris, il a trouvé un emploi de jardinier dans un couvent où Cosette a pu recevoir une bonne éducation.

Quand Cosette est devenue une jeune fille, il fallait partir. Alors, il a loué deux appartements à Paris puis la petite maison qui vient d'être mentionnée.

Après avoir remarqué qu'un jeune homme les suivait, il a jugé plus prudent de s'installer dans la petite maison de la rue Plumet et de ne plus retourner au jardin du Luxembourg.

Cosette, qui aime énormément celui qu'elle appelle son « père », n'a pas protesté mais Jean Valjean a constaté depuis quelque temps qu'elle est souvent triste et silencieuse. Ce qu'il ignore, c'est que, lorsque Marius et elle ont échangé un premier regard, Cosette a été aussi troublée que Marius et que, depuis, elle ne pense plus qu'au jeune homme.

Un soir que Jean Valjean est sorti, Cosette, selon son habitude, va faire un petit tour dans le jardin.

Elle va, comme toujours, s'installer sur un banc qui se trouve près de la grille.

Mais au moment où elle va s'asseoir, elle remarque, surprise, une assez grosse pierre qui n'était pas là la veille. Elle la soulève et trouve une lettre. Elle l'ouvre et lit :

Il suffit d'un sourire entrevu un jour pour que l'âme entre dans le palais des rêves.

– Vient-elle encore au Luxembourg ? - Non, monsieur. – Habite-t-elle toujours dans cette maison ? – Elle a déménagé. – Où vit-elle ?

Quelle triste chose de ne pas savoir l'adresse de son âme !

Cette lettre, qui a pu l'écrire ? Un seul homme. Lui !

Cosette rentre chez elle et s'enferme dans sa

chambre. Elle lit et relit la lettre et y dépose un baiser.

Le lendemain soir, elle descend au jardin.

Elle arrive au banc. La pierre est toujours là. Elle s'assoit à côté.

Tout à coup, elle entend un bruit derrière elle. Elle tourne la tête et se lève. C'est Lui !

Alors ils se parlent. Elle le fait entrer dans le jardin. Il la prend dans ses bras et la serre contre lui.

Elle lui prend une main et la pose sur son cœur. Il sent le papier de sa lettre et dit :

– Vous m'aimez donc ?

Elle répond d'une voix très basse qu'on entend à peine :

– Tais-toi ! Tu le sais !

Et ils se donnent un baiser.

Puis ils se parlent longuement. Ils se racontent tout. Quand ils se sont tout dit, elle lui demande :

– Comment vous appelez-vous ?

– Je m'appelle Marius, dit-il. Et vous ?

– Je m'appelle Cosette.

Alors, pendant un long mois, Cosette et Marius se voient tous les soirs et leur amour ne fait que grandir.

Un soir, Cosette a l'air triste. Marius, inquiet, lui demande la raison de sa tristesse.

– Ce matin, mon père m'a dit que, dans une semaine, nous allons partir nous installer en Angleterre.

– Mais c'est horrible ! s'écrie Marius.

Il voit que Cosette lui sourit.

– Marius, j'ai une idée.

– Quoi ?

– Viens me rejoindre en Angleterre.

– Partir, mais tu es folle ! Il faut de l'argent et je n'en ai pas. Cosette, je suis un misérable. Tu ne me vois que la nuit et tu me donnes ton amour mais si tu me voyais le jour, tu me donnerais un sou. Aller en Angleterre, c'est impossible !

Ils restent un long moment en silence.

Soudain, Cosette se met à pleurer doucement.

Il la prend dans ses bras et lui dit :

– Écoute, demain, ne m'attends pas.

– Pourquoi ?

– Tu verras.

– Un jour sans te voir ! mais c'est impossible.

– Sacrifions un jour pour avoir peut-être toute la vie. Mais il faut que tu saches mon adresse, on ne sait jamais. Je vis chez un ami, qui s'appelle Courfeyrac. Il prend un crayon et un papier dans sa poche et écrit :

16, rue de la Verrerie.

Puis ils se séparent.

Marius a un plan.

Le lendemain, il va voir son grand-père, M. Gillenor-mand, qu'il n'a pas vu depuis longtemps. Il lui parle de Cosette, de son amour. Il lui dit qu'il veut l'épouser et lui demande de l'aider. Mais le vieil homme, qui pourtant l'aime à la folie, ne veut rien entendre et voit l'amour de Marius comme de l'enfantillage[1].

---

1. Enfantillage : comportement capricieux d'un enfant.

Marius, fâché, s'en va.

Le lendemain soir, il va retrouver Cosette au jardin. Il attend. Personne ne se présente. La maison est fermée. Il se dit qu'elle est partie, il pense qu'il n'a plus qu'à mourir.

Tout à coup, il entend une voix qui paraît venir de la rue et qui crie à travers les arbres :

– Monsieur Marius ! Monsieur Marius, êtes-vous là ?

– Oui.

– Monsieur Marius, reprend la voix, vos amis vous attendent à la barricade[1] de la rue de la Chanvrerie.

Cette voix semble être celle d'Éponine. Marius court à la grille, regarde mais ne voit qu'un jeune homme qui s'éloigne en courant.

***

PISTE 9

Le lecteur se souvient sans doute que Marius va de temps en temps à des réunions politiques avec ses amis. Depuis qu'il voit Cosette, il ne les fréquente plus beaucoup mais il sait par Courfeyrac qu'une émeute[2] doit éclater. Et c'est en effet ce qui vient de se passer.

Cette voix, qui a dit à Marius d'aller à la barricade, est pour lui la voix de la destinée. Il veut mourir, l'occasion s'offre.

Fou de douleur, il se met à marcher rapidement. Il

---

1. Barricade : barrage construit en travers d'une rue par des manifestants.
2. Émeute : mouvement de révolte violent du peuple.

est armé : dans sa poche se trouve encore le pistolet que Javert lui a donné.

Il arrive à la barricade et y entre. Les insurgés[1] –parmi eux, beaucoup de ses amis– sont là. Tous parlent tout bas et attendent.

Tout à coup, on entend un bruit de pas précipités dans la rue. Un enfant approche, bondit dans la barricade et crie :

– Les voici !

On entend un mouvement de mains cherchant les fusils. Chacun a pris son poste de combat.

Quelques instants s'écoulent. Puis un bruit de pas nombreux se fait entendre. Ce bruit approche.

Tout à coup, une voix crie :

– Qui vive ?

– Révolution française, répond quelqu'un.

– Feu ! dit la voix.

Une effroyable détonation[2] éclate sur la barricade. Des balles pénètrent et blessent plusieurs hommes.

Puis il y a un énorme silence de courte durée car aussitôt une seconde décharge[3] s'abat sur la barricade.

Marius aperçoit soudain près de la barricade un baril[4] de poudre. Comme il se tourne pour aller le saisir, un soldat le couche en joue[5]. Mais Marius voit une

---

1. Insurgé : personne qui se révolte.
2. Détonation : bruit violent fait par quelque chose qui explose.
3. Décharge : coup tiré avec une arme à feu.
4. Baril : tonneau.
5. Coucher quelqu'un en joue : viser quelqu'un avec un fusil.

main se poser sur le bout du canon du fusil et le boucher. Le coup part, traverse la main mais n'atteint pas Marius.

Marius en profite pour saisir le baril et revient se placer sur la barricade près d'une torche[1]. Puis il se met à hurler à l'adresse des soldats :

– Allez-vous-en ou je fais sauter la barricade !

– Sauter la barricade, dit un sergent, et toi aussi !

– Et moi aussi.

Il prend la torche et l'approche du baril.

Les assaillants[2] quittent le champ de bataille.

La barricade est dégagée. On s'occupe des blessés. Tout à coup, Marius entend prononcer son nom.

Il se penche et voit dans l'ombre une forme qui se traîne vers lui.

– Vous ne me reconnaissez pas ?

– Non.

– Éponine.

Marius se baisse vivement. C'est en effet la malheureuse jeune fille. Elle est habillée en homme.

– Que fais-tu là ?

– Je meurs.

Il essaie de passer son bras sous elle pour la soulever. Elle pousse un léger cri et lève sa main vers Marius. Au milieu, il y a un trou noir.

– Vous avez vu le fusil qui vous couchait en joue,

---

1. Torche : bâton de cire qui brûle pour éclairer.
2. Assaillant : personne qui attaque.

dit-elle à Marius d'une voix tremblante.

– Oui, répond-il, et une main qui l'a bouché.

– C'était la mienne. La balle a traversé la main et est sortie par le dos. Vous ne pouvez rien pour moi.

– Mon enfant ! Quelle folie ! Pourquoi as-tu fait cela ?

– Écoutez-moi, j'ai dans ma poche une lettre pour vous, depuis hier. Je ne voulais pas vous la donner.

Elle prend la main de Marius et la met sur sa poche. Marius trouve en effet une lettre.

Éponine ajoute :

– Vous savez, monsieur Marius, je crois que j'étais un peu amoureuse de vous.

Elle essaie de sourire et meurt.

Marius dépose un baiser sur sa joue.

Puis il ouvre la lettre. Elle est de Cosette. Elle lui dit qu'elle l'aime, qu'elle part à Londres dans huit jours et elle lui donne sa nouvelle adresse : *7 rue de l'Homme-Armé.*

Marius couvre la lettre de baisers. Cosette l'aime, il ne doit pas mourir. Mais au fond de lui-même, il sait qu'il faut mourir : Cosette part ; M. Gillenormand, son grand-père, refuse qu'il se marie. Tout est fini pour lui.

Il prend vite un papier et écrit à Cosette pour lui dire qu'il va mourir sur la barricade. Puis il plie le papier en quatre, met l'adresse dessus et appelle l'enfant qui a averti les insurgés de l'arrivée des soldats. Il veut sauver de la mort cet enfant perdu sur la barricade.

– Va porter cette lettre à cette adresse, lui dit-il.

Quand l'enfant part, il est minuit.

Marius prend alors un autre papier sur lequel il écrit :

Je m'appelle Marius Pontmercy. Porter mon cadavre chez mon grand-père, M. Gillenormand, 6 rue des Filles-du-Calvaire.

Puis il met le papier dans sa poche.

Quelques heures avant les événements que nous venons de raconter, Jean Valjean, qui fait ses préparatifs pour le départ en Angleterre, est entré dans la chambre de Cosette et a trouvé, sur sa table, le buvard qui avait permis à la jeune fille de sécher le mot écrit à Marius. Intrigué, il a déchiffré le message à l'aide d'un miroir et, depuis, il est accablé de douleur.

Il comprend tout à coup que Cosette aime un homme, qu'elle lui échappe, que quelqu'un est entré dans son cœur ! Il comprend que Cosette n'est plus une enfant –son enfant– mais une femme.

Il est abasourdi[1]. Il ne sait plus quoi faire, partir en Angleterre ou rester en France.

Il passe toute la journée dans l'angoisse. La nuit venue, il va faire un tour dans la rue pour essayer de voir plus clair en lui-même.

Tout à coup, il voit un enfant arriver dans la rue. C'est le messager de Marius.

– Pourriez-vous m'indiquer le numéro 7 de cette rue ? lui demande l'enfant.

Une idée traverse l'esprit de Jean Valjean.

– Est-ce que tu m'apportes la lettre que j'attends ? demande-t-il à l'enfant.

– Vous ? Vous n'êtes pas une femme, dit l'enfant.

---

1. Abasourdi : stupéfait.

– La lettre est pour Mlle Cosette, n'est-ce pas ?

– Oui, c'est ce drôle de nom.

– Eh bien, c'est moi qui vais la lui remettre.

L'enfant la lui donne.

Jean Valjean rentre avec la lettre de Marius et la lit.

Le jeune homme veut mourir. Un instant, Jean Valjean pense qu'il n'a qu'à garder ce mot et que Cosette finira par tout oublier. Mais il l'aime trop et désire son bonheur. Alors, il prend un fusil et se dirige vers la barricade.

Quand Jean Valjean arrive à la barricade, la tension est forte. En effet, les soldats sont revenus en plus grand nombre et l'attaque a repris. Maintenant, on se bat corps à corps, pied à pied, à coups de pistolet, à coups de poing, de près, de loin. Les insurgés tombent les uns après les autres.

Jean Valjean aperçoit très vite Marius qui lutte avec courage.

Tout à coup, Marius sent une horrible douleur à l'épaule. Il va tomber mais une main le saisit et il sent qu'on le soulève. Il perd alors connaissance.

Jean Valjean a en effet saisi Marius sur ses épaules et parvient à l'éloigner de la barricade.

Il regarde soudain par terre et aperçoit une grille. Il dépose délicament Marius sur le sol et, après bien des efforts, il parvient à soulever la grille. Il charge de nouveau Marius sur son dos, descend dans une sorte de puits peu profond puis replace la grille. Il fait tout cela en quelques minutes à peine.

Une fois la grille replacée, il regarde autour de lui. Il se trouve dans un long couloir souterrain, il est dans l'égout[1] de Paris.

Il reste un moment comme étourdi[2]. Puis il se met à avancer.

Le blessé ne bouge pas. Jean Valjean ne sait pas s'il est mort ou vivant. Il le dépose par terre et le fouille. Il trouve alors le mot que Marius a écrit au cas où il mourrait. Il prend la décision de le ramener chez son grand-père. Il reprend Marius sur son dos, lui place soigneusement la tête sur son épaule droite et se met à descendre dans l'égout. Il avance, avance lentement, péniblement. Bientôt, il entre dans l'eau. Elle lui arrive plus haut que les genoux mais il continue d'avancer. Il est épuisé. Enfin, son pied heurte quelque chose : c'est la première marche d'un escalier. Cela indique la sortie.

Jean Valjean respire profondément et commence à monter. En haut de l'escalier, il regarde devant lui et il aperçoit une lumière. C'est le jour qui commence à se lever.

Jean Valjean voit la sortie.

Il ne sent plus le poids de Marius. Il court plus qu'il ne marche. Il arrive à la sortie. Il y a une grille : elle n'est pas fermée. Jean Valjean la pousse et se trouve enfin dehors. Il regarde autour de lui. Il est au bord de

---

1. Égout : canalisation souterraine qui sert à évacuer les eaux sales.
2. Étourdi : à demi conscient.

la rivière. Il laisse glisser Marius sur la berge.

Il se penche sur le jeune homme et, prenant de l'eau de la rivière dans le creux de sa main, il lui en jette doucement sur le visage. Les paupières de Marius ne se soulèvent pas mais sa bouche entrouverte respire.

Jean Valjean va plonger de nouveau sa main dans la rivière quand, tout à coup, il sent une présence derrière lui.

Il se retourne.

Il reconnaît Javert.

Javert, comme d'autres gens de la police, contrôle toutes les sorties possibles pour arrêter les insurgés. Et le sort veut qu'il se trouve à cette sortie.

Javert regarde fixement Jean Valjean puis il dit :

– Que faites-vous là ? Qui est cet homme ?

Mais Jean Valjean n'a pas peur. Il veut sauver Marius pour Cosette.

– Cet homme était sur la barricade. Il s'appelle Marius. Il est blessé, il faut le conduire chez son grand-père, au 6 rue des Filles-du-Calvaire.

Javert crie :

– Cocher* !

Un moment après, la voiture est sur la berge. On place Marius sur la banquette du fond et Javert s'assoit avec Jean Valjean sur la banquette de devant.

On arrive chez M. Gillenormand où on dépose Marius.

Javert et Jean Valjean remontent dans la voiture.

– Inspecteur Javert, dit Jean Valjean, accordez-moi encore une chose. Laissez-moi rentrer chez moi un instant. Ensuite, vous ferez de moi ce que vous voudrez.

Javert demeure un moment silencieux puis il baisse la vitre et dit :

– Cocher, 7 rue de l'Homme-Armé.

Ils ne parlent pas pendant tout le trajet.

Une fois arrivé devant chez lui, Jean Valjean descend de voiture.

– Montez, dit Javert. Je vous attends ici.

Quand Jean Valjean redescend, quelques minutes plus tard, il est stupéfait : Javert est parti.

PISTE 11

Javert s'est éloigné à pas lents de la rue de l'Homme-Armé. Il marche dans les rues silencieuses. Il arrive jusqu'à la Seine. Là, il regarde l'eau, plongé dans ses pensées. Ses pensées sont noires comme l'eau qui coule.

Javert se sent mal, très mal.

Il est forcé de reconnaître que la bonté existe. Et c'est Jean Valjean, un ancien forçat, qui le lui a montré par deux fois : la première avec Fantine, la seconde avec Marius. Ce forçat est bon, si bon que lui-même a été touché par sa bonté et l'a laissé partir.

Lui, Javert, agir ainsi ! Lui, qui doit être irréprochable et faire appliquer la loi !

Il se trouve lâche. Il se fait horreur.

Il ne cesse de regarder l'eau qui coule.

Soudain, il ôte son chapeau, le pose sur le rebord du quai puis saute dans l'eau qui bientôt l'engloutit[1].

* * *

PISTE 12

M. Gillenormand, en voyant son petit-fils si mal, a tout oublié, tout pardonné.

La convalescence[2] de Marius dure trois mois. Pendant ces trois mois, son grand-père fait tout pour qu'il soit heureux et la première chose qu'il propose c'est de connaître Cosette et son père.

Au mois de février suivant, Marius et Cosette se marient.

Jean Valjean éprouve une joie immense devant le bonheur de Cosette.

Il voulait être bon, il voulait rendre les gens heureux, son but est définitivement atteint.

---

1. Engloutir : faire disparaître.
2. Convalescence : période où l'on va mieux, après une maladie, avant d'être complètement guéri.

Métiers, fonctions et titres au XIXe siècle

Aubergiste : personne qui a un hôtel où les clients peuvent manger et dormir.

Barbier : personne qui coupe la barbe et les cheveux.

Boulanger : personne qui fait du pain et le vend.

Cocher : personne qui conduit une voiture tirée par un cheval.

Commissaire de police : personne dont le métier est de faire respecter l'ordre et la sécurité et qui dirige des inspecteurs et des agents.

Écrivain public : personne qui écrit des lettres pour des gens qui ne savent pas écrire.

Émondeur : personne qui est chargée d'enlever les branches mortes des arbres.

Évêque : prêtre catholique nommé pour s'occuper d'une région du point de vue religieux.

Inspecteur de police : personne chargée de faire respecter l'ordre et la sécurité et qui est placée sous les ordres d'un commissaire.

Maire : personne qui dirige une ville ou un village.

Médecin : personne qui soigne les malades.

Officier : militaire qui exerce un commandement.

Paysan : personne qui vit à la campagne et cultive la terre.

Portier : personne chargée de surveiller les entrées et les sorties à la porte d'un immeuble.

Religieuse : femme qui consacre sa vie à Dieu.

Rentier : personne qui vit de l'argent qu'il a gagné ou hérité et qui ne travaille pas.

Sergent : militaire, sous-officier, qui a le grade le plus bas.

Servante : femme qui est employée pour servir dans une maison.

Soldat : homme qui est dans l'armée et qui n'a pas de grade.

Surveillante : dans une usine, personne chargée de surveiller le travail des personnes qu'elle a sous sa responsabilité.

Première partie

1. Pourquoi Jean Valjean a-t-il été condamné au bagne ?

2. Pourquoi les gendarmes ramènent-ils Jean Valjean chez l'évêque ?

3. Quelle réaction provoque, chez Jean Valjean, l'incident avec Petit-Gervais ?

4. Qu'est-ce qu'il y a de changé à Montreuil-sur-Mer quand Fantine y retourne dix ans après ?

5. Comment découvre-t-on le secret de Fantine ?

6. Pourquoi Fantine réagit-elle si violemment quand elle voit monsieur le maire pour la première fois ?

7. Pourquoi, à la préfecture de Paris, se moque-t-on de Javert quand il dénonce M. Madeleine ?

8. Qu'est-ce qui provoque la mort de Fantine ?

9. Quelle est l'attitude des Thénardier envers Cosette ?

10. Où et à quel moment se passe la rencontre entre Jean Valjean et Cosette ?

Deuxième partie

Édition : BFM

Crédits photos
Couverture : Ph © DR
Page 3 : Coll. Archives Larbor
Illustrations : Jaume Bosch

N° de projet : 10182908 - Octobre 2011
Imprimé en France par
Imprimerie France Quercy - Mercuès - N° d'impression : 11623b